般若心経

手帳

般《はん》若《にゃ》波《は》羅《ら》蜜《みっ》多《た》心《しん》経《ぎょう》

唐三蔵法師玄奘 訳

観《かん》自《じ》在《ざい》菩《ぼ》薩《さつ》。行《ぎょう》深《じん》般《はん》若《にゃ》波《は》羅《ら》蜜《みっ》多《た》時《じ》。照《しょう》見《けん》五《ご》蘊《うん》皆《かい》空《くう》。度《ど》一《いっ》切《さい》苦《く》厄《やく》。舎《しゃ》利《り》子《し》。色《しき》不《ふ》異《い》空《くう》。空《くう》不《ふ》異《い》色《しき》。色《しき》即《そく》是《ぜ》空《くう》。空《くう》即《そく》是《ぜ》色《しき》。受《じゅ》想《そう》行《ぎょう》識《しき》。亦《やく》復《ぶ》如《にょ》是《ぜ》。舎《しゃ》利《り》子《し》。是《ぜ》諸《しょ》法《ほう》空《くう》相《そう》。不《ふ》生《しょう》不《ふ》滅《めつ》。不《ふ》垢《く》不《ふ》浄《じょう》。不《ふ》増《ぞう》不《ふ》減《げん》。是《ぜ》故《こ》空《くう》中《ちゅう》。無《む》色《しき》。無《む》受《じゅ》想《そう》行《ぎょう》識《しき》。無《む》眼《げん》耳《に》鼻《び》舌《ぜっ》身《しん》意《い》。無《む》色《しき》声《しょう》香《こう》味《み》触《そく》法《ほう》。無《む》眼《げん》界《かい》。乃《ない》至《し》無《む》意《い》識《しき》界《かい》。無《む》無《む》明《みょう》。亦《やく》無《む》無《む》明《みょう》尽《じん》。乃《ない》至《し》無《む》老《ろう》死《し》。亦《やく》無《む》老《ろう》死《し》尽《じん》。無《む》苦《く》集《しゅう》滅《めつ》道《どう》。

無智《むち》。亦無得《やくむとく》。以無所得故《いむしょとくこ》。菩提薩埵《ぼだいさった》。依般若波羅蜜多故《えはんにゃはらみったこ》。
心無罣礙《しんむけいげ》。無罣礙故《むけいげこ》。無有恐怖《むうくふ》。遠離一切顛倒夢想《おんりいっさいてんどうむそう》。究竟《くきょう》
涅槃《ねはん》。三世諸仏《さんぜしょぶつ》。依般若波羅蜜多故《えはんにゃはらみったこ》。得阿耨多羅三藐三菩《とくあのくたらさんみゃくさんぼ》
提《だい》。故知般若波羅蜜多《こちはんにゃはらみった》。是大神咒《ぜだいじんしゅ》。是大明咒《ぜだいみょうしゅ》。是無上咒《ぜむじょうしゅ》。
是無等等咒《ぜむとうどうしゅ》。能除一切苦《のうじょいっさいく》。真実《しんじつ》。不虚故《ふここ》。説般若波羅蜜多《せつはんにゃはらみった》
咒《しゅ》。即説咒曰《そくせつしゅわつ》。
掲帝《ぎゃてい》 掲帝《ぎゃてい》 般羅掲帝《はらぎゃてい》 般羅僧掲帝《はらそうぎゃてい》 菩提《ぼじ》 僧莎訶《そわか》
般若波羅蜜多心経《はんにゃはらみったしんぎょう》

まえがき

日本において、最も多くの書物が著されている仏教聖典は、おそらく『般若心経』でしょう。しかも教説の解説だけにとどまらず、写真やCDを伴うものなど、もはや形態の面においてはおよそ考えられるものは出尽くしたのでは、と思われるほどです。

その中で、あえて本書が編まれたのには、理由があります。それは、「般若心経を常にそばにおいて人生という旅のともに」をコンセプトに、ポケットに入れていつでも手にできるよう手帳形式としたい、ということでした。

また本書には以下の特徴があります。第一点は、日本画の最高峰・平山郁夫画伯の画を用いたこと。二点目は、『般若心経』のサンスクリット現代語訳は、学的に最も権威のある中村元訳に拠ったこと。そして最後は、随意な解釈ではなく、経文を正しく理解できるよう、解りやすい解説を一句一句のすべてに施したこと、です。

十五年間おそばにお仕えし、中村元先生の謦咳《けいがい》に触れさせていただく機縁に恵まれ、学的業績はもとより、その偉大さを支えていた先生の生き方を最期まで目の当たりにしてきた者としては、先生の和訳が「人生という旅のとも」となるべき本書に入ることは、あまりにも当然のことでした。

また、平山画伯は、『般若心経』を『大般若経』とともにインドから長安に持ち帰った玄奘三蔵を描いた「仏教伝来」で画壇に登場されて以来、仏伝とシルクロードを主題にした多くの作品を残されました。画伯のご生涯は、釈尊と玄奘三蔵に導かれての「絵道」とも言うべきもので、その作品は、私たちを魅了してやみません。

仏教は、現に生きている人を導き救うために、悟りという、ほんとうの現実を確かに見ぬいた事実のある覚者《ブッダ》によって説かれた教えです。それは決して寺院にだけあるものではなく、日々の生活に生き生きと生きているべきもののはずです。その教えが伝わるよう、解説に当たっては、できるだけ凡夫の私情を交えず、筋道がしっかり追え、教説がおのずと心に入ってくるよう努めました。しかもできるだけ短いすっきりした言葉で。

一流の和訳とすばらしい画を目にされながら、本書が少しでも役立ち人生の糧となることができたならば、編著者として、これほどありがたいことはありません。

堀内伸二

目次

色《しき》不《ふ》異《い》空《くう》
空《くう》不《ふ》異《い》色《しき》
色《しき》即《そく》是《ぜ》空《くう》
空《くう》即《そく》是《ぜ》色《しき》
受《じゅ》想《そう》行《ぎょう》識《しき》
亦《やく》復《ぶ》如《にょ》是《ぜ》
舎《しゃ》利《り》子《し》
是《ぜ》諸《しょ》法《ほう》空《くう》相《そう》
不《ふ》生《しょう》不《ふ》滅《めつ》
不《ふ》垢《く》不《ふ》浄《じょう》
不《ふ》増《ぞう》不《ふ》減《げん》

無《む》苦《く》集《しゅう》滅《めつ》道《どう》
無《む》智《ち》亦《やく》無《む》得《とく》
以《い》無《む》所《しょ》得《とく》故《こ》
菩《ぼ》提《だい》薩《さっ》埵《た》
依《え》般《はん》若《にゃ》波《は》羅《ら》蜜《みっ》多《た》故《こ》
心《しん》無《む》罣《けい》礙《げ》
無《む》罣《けい》礙《げ》故《こ》
無《む》有《う》恐《く》怖《ふ》
遠《おん》離《り》一《いっ》切《さい》顛《てん》倒《どう》夢《む》想《そう》
究《く》竟《きょう》涅《ね》槃《はん》
三《さん》世《ぜ》諸《しょ》仏《ぶつ》

依《え》般《はん》若《にゃ》波《は》羅《ら》蜜《みっ》多《た》故《こ》　般若波羅蜜多に依るが故に、—— 92

得《とく》阿《あ》耨《のく》多《た》羅《ら》三《さん》藐《みゃく》三《さん》菩《ぼ》提《だい》　阿耨多羅三藐三菩提を得たまえり。—— 93

故《こ》知《ち》般《はん》若《にゃ》波《は》羅《ら》蜜《みっ》多《た》　故に知るべし、般若波羅蜜多は、—— 96

是《ぜ》大《だい》神《じん》咒《しゅ》　是れ大神咒なり。—— 97

是《ぜ》大《だい》明《みょう》咒《しゅ》　是れ大明咒なり。—— 100

是《ぜ》無《む》上《じょう》咒《しゅ》　是れ無上咒なり。—— 101

是《ぜ》無《む》等《とう》等《どう》咒《しゅ》　是れ無等等咒なり。—— 102

能《のう》除《じょ》一《いっ》切《さい》苦《く》　能く一切の苦を除き、—— 104

真《しん》実《じつ》 不《ふ》虚《こ》故《こ》　真実なり。虚ならざるが故に。—— 105

説《せつ》般《はん》若《にゃ》波《は》羅《ら》蜜《みっ》多《た》咒《しゅ》　般若波羅蜜多の咒を説く。—— 109

即《そく》説《せつ》咒《しゅ》曰《わつ》　即ち咒を説いて曰わく、—— 112

現代語訳　般若心経

中村　元　訳

全知者である覚《さと》った人に礼《らい》したてまつる。

求道者《ぐどうしゃ》にして聖なる観音は、深遠な智慧《ちえ》の完成を実践していた時に、存在するものには五つの構成要素があると見きわめた。しかも、かれは、これらの構成要素が、その本性《ほんせい》から言うと、実体のないものであると見きわめたのであった。

シャーリプトラよ。

この世においては、物質的現象には実体がないのであり、実体がないからこそ、物質的現象で〔ありうるので〕ある。

実体がないといっても、それは物質的現象を離れてはいない。また、物質的現象は、実体がないことを離れて物質的現象であるのではない。〔このようにして、〕およそ物質的現象というものは、すべて、実体がないことである。およそ実体がないということは、物質的現象なのである。これと同じように、感覚も、表象《ひょうしょう》も、意志も、認識も、すべて実体がないのである。

シャーリプトラよ。

この世においては、すべての存在するものには実体がないという特性がある。

生じたということもなく、滅したということもなく、汚れたものでもなく、汚れを離れたものでもなく、減るということもなく、増すということもない。

それゆえに、シャーリプトラよ。

実体がないという立場においては、物質的現象もなく、感覚もなく、表象もなく、意志もなく、認識もない。眼もなく、耳もなく、鼻もなく、舌もなく、身体《からだ》もなく、心もなく、かたちもなく、声もなく、香りもなく、味もなく、触れられる対象もなく、心の対象もない。眼の領域から意識の識別の領域にいたるまでことごとくないのである。

さとりもなければ、迷いもなく、さとりがなくなることもなければ、迷いがなくなることもない。こうして、ついに、老いも死もなく、老いと死がなくなることもないというにいたるのである。

苦しみも、苦しみの原因も、苦しみを制してなくすことも、苦しみを制する道もない。知ることもなく、得るところもない。

それゆえに、得るということがないから、諸《もろもろ》の求道者の智慧の完成に安んじて、人は、心を覆《おお》われることなく住《じゅう》している。心を覆うものがないから、恐れがなく、顚倒《てんどう》した心を遠く離れて、永遠の平安に入っているのである。

過去・現在・未来の三世《さんぜ》にいます目ざめた人々は、すべて、智慧の完成に安んじて、この上ない正しい目ざめをさとり得られた。

それゆえに人は知るべきである。智慧の完成の大いなる真言《しんごん》、大いなるさとりの真言、無上の真言、無比の真言は、すべての苦しみを鎮めるものであり、偽《いつわ》りがないから真実であると。その真言は、智慧の完成において次のように説かれた。

ガテー　ガテー　パーラガテー　パーラサンガテー　ボーディ　スヴァーハー

（往《ゆ》ける者よ、往ける者よ、彼岸《ひがん》に往ける者よ、彼岸に全く往ける者よ、さとりよ、幸あれ。）

ここに、智慧の完成の心が終わった。

般若心経

解説

般若波羅蜜多心経《はんにゃはらみったしんぎょう》

Prajñāpāramitā-hṛdaya-sūtram

経典の題名である「般若波羅蜜多」は、プラッギャーパーラミターというサンスクリット原語を、漢字の音だけを利用して漢語に翻訳した、いわゆる音写《おんしゃ》語《ご》で、「般若」(prajñā《プラッギャー》)は「悟りの智慧」、「波羅蜜多」(pāramitā《パーラミター》)は「完成した」の意。最後の「心」だけは、心臓を意味するhṛdaya《フリダヤ》という原語を意訳したもので、ここでは「精髄」というほどの意味になります。

「般若波羅蜜多心経」は、「智慧の完成の精髄を説いた経典」なのです。

観自在菩薩《かんじざいぼさつ》が、

ārya-Avalokiteśvaro bodhisattvo

観自在菩薩《かんじざいぼさつ》

「生きとし生けるもの（衆生《しゅじょう》）の、さまざまな因縁を観ぬき救いとることが自在な、悟りを求める仏道者（菩薩）」、それが「観自在菩薩」です。それは、決して現実世界を隠遁し、純潔と威厳を保って高みに独居し、俗世から超然としている救済者などではなく、苦楽相俟《ま》つこの六道（地獄・餓鬼・畜生・修羅・人間・天上）の世界に、浮き草のように漂う衆生と一体となって、しかもそれを救いとる菩薩、すなわち大乗仏教の仏道者です。

汚泥のなかに美しく咲く白蓮のごとき求道者こそ、「観音様」なのです。

受胎霊夢◉仏教伝説では、麻耶夫人が象の夢を見て懐胎されたことになっています。現実の世界ではない仏教の幻想の世界を文学的に独自に発想して描きました。空にきらめく星は、最初はキラキラ光っていましたが、制作するにつれて、群青の底にどんどん沈めて、仏教的な空間の幻想的な背景としました。

gambhīrāyāṃ prajñā-pāramitāyāṃ caryāṃ caramāṇo

行深般若波羅蜜多時《ぎょうじんはんにゃはらみったじ》

深き般若波羅蜜多《はんにゃはらみった》を行《ぎょう》ぜし時《とき》、

「行ぜし時」という一句に重みがあります。仏道は、教えを聞いて知る（聞慧《もんえ》）ことに始まり、それをよく考え（思慧《しえ》）、ついには自ら行って体得する（修慧）ところにそのすばらしさが発揮されます。そこで「智目行足《ちもくぎょうそく》、到清涼池《とうしょうりょうち》」（智慧の目と修行の足と二つ揃って初めて清涼池《さとり》に到り得る）と、行の大切さが強調され、透徹した実践体系が備わっています。

観自在菩薩が、深遠な悟りの智慧の完成を目指す実践を行っていた時に体得した宇宙の実相が、これから説かれるのです。

行七歩●お釈迦様は生まれると七歩あゆみ、「天上天下唯我独尊」と言われたと伝えられています。

vyavalokayati sma: pañca skandhās, tāṃś ca svabhāva-śūnyān paśyati sma.

五蘊《ごうん》は皆な空《くう》なりと照見《しょうけん》し、

照見五蘊皆空《しょうけんごうんかいくう》

「五蘊」は、色受想行識《しきじゅそうぎょうしき》という五つの蘊《あつまり》のことで、およそ宇宙に「ある」と思われているものすべてを分析して五つに分類したもの。「受想行識」の四つは精神的な面であり、「色」は「いろ」ではなく、己の肉体と、外界にある物質現象のことで、およそ物質的なものすべてを指します。

この五蘊には、他と関わりなくそれ自体で存在している実体というものはない、その本性（svabhāva《スヴァバーヴァ》）は空である。このことは、般若という智慧によって見きわめられた事実ですから「照見」と言うのです。

度《ど》一切《いっさい》苦厄《くやく》

一切《いっさい》の苦厄《くやく》を度《ど》したまえり。

「苦」も「厄」も、苦しみ。「度」は、こえること。苦難や災厄にあった時、その原因を外に求め、他人を責めたり環境の責任にするのが迷える人間（凡夫《ぼんぷ》）の常です。しかし、事実は一つ。

仏教では、苦の原因（因果の道理）を深く諦観し、「惑業苦《わくごうく》の三道《さんどう》」と教えています。すなわち苦が生じる原因は、自分がなした業《ごう》にある、さらにその根底には「我あり」という根本的無知（惑）がある、と。あらゆる苦厄からの解脱は、五蘊皆空、すなわち「我なし」と照見する時にこそ実現し得るのです。

郁夫

捨宮出家図●お釈迦様の門出に美しい花や森があるという様子を描いたものです。お釈迦様は出家をして、外にいた貧しい人々の衣服と交換し、裸足で苦行者の身なりとなって、修行の毎日を送りました。この捨宮出家図は、仏伝のたいへん重要な場面の一つですが、私なりにその場面を解釈して描きました。

Śāriputra

舎利子《しゃりし》

舎利子《しゃりし》よ、

師である釈尊から、「舎利子よ」と、親しく語りかけられているのは、小乗仏教の教えを十二分に聞いてきた偉大なる弟子・舎利弗《しゃりほつ》尊者のこと。舎利子は、十大弟子のなかでも最も智慧が優れ「智慧第一」と称えられています。だからこそ、よく「空」を理解することができ、「対告衆《たいごうしゅう》」（釈尊が説法する相手）に選ばれているわけです。

新たな訳を心がけた玄奘三蔵は、鷺《さぎ》を意味する母の名 śāri《シャーリ》 の部分は「舎利」と音写し、その子供を意味する putra《プットゥラ》 は、解りやすく「子」と意訳したのです。

rūpān na pṛthak śūnyatā,

色《しき》は空《くう》に異《こと》ならず、

色《しき》不《ふ》異《い》空《くう》

色は、前に出てきた「五蘊」の最初で、原語であるrūpa《ルーパ》は「形あるもの」という意。空の原語はśūnyatā《シューンニャター》。これは、「ふくれあがって中がうつろなこと」が元の意味で、転じて「ない」「欠けた」などの意味を持ち、インドで発見された数字のゼロをも表しますが、仏教では固定的実体のないことを言います。

日常的に、私たちは、何か（色）が「ある」という時、知らず知らずのうちに、何かしら「本体・実体」といったものを想定していますが、本当は色は空に他ならない、実体はないのです。

建立金剛心図◉お釈迦様が、ゆるぎない確信、つまり金剛心を確立した場面です。日本画を描く自分をお釈迦様になぞり、ヨーロッパ文化を学びながら屈伏しまいとする苦行者に置き換えてみました。私自身が私なりの芸術をつかむことは、お釈迦様の悟りに似ていると思ったのです。

śūnyatāyā na pṛthag rūpam.

空《くう》は色《しき》に異《こと》ならず。

空《く》不《う》異《ふ》色《いしき》

この句は、前の「色不異空」という句が単に言い換えられたものではありません。「色不異空」は後の「色即是空」と、また「空不異色」は「空即是色」にそれぞれ対応しており、主意の置かれ方が異なっています。「色不異空」によって、「色」に対する日常的な妄想が否定され、この句によって、小乗的な「空」とは異なる大乗の実相が示されています。

空は、何ものも存在しない真空状態といった、ある物理的な状態としてあるのではなく、空は色を離れてはどこにも存在しないのです。

yad rūpaṃ sā śūnyatā,

色《しき》は即《すなわ》ち是《こ》れ空《くう》、

色即是空《しきそくぜくう》

中国古来の先徳によって著された諸の注釈には、小乗仏教における、「色が滅して初めて空となる」という教説ないし主張との対比で、大乗仏教で説く実相は「色即是空」であるということがしばしば論及されています。一口に「空」といっても、照見する智慧の程度に応じて、また経典の説かれ方において、その内実には浅深の相違があるのです。色が消滅した後に初めて実現する空は、色と空とが相即関係にない空で、いまだ徹底しない空です。

色は空に異ならず、色がただちに空であるのが実相なのです。

yā śūnyatā tad rūpam.

空即是色《くうそくぜしき》

空《くう》は即《すなわ》ち是《こ》れ色《しき》なり。

やはり前句の単純な言い換えではなく、空は、ただちに色として現象していることが示されています。それまで小乗仏教が広まっていたインドで、大乗仏教を宣揚したナーガールジュナ（龍樹《りゅうじゅ》菩薩）の主著『中論《ちゅうろん》』には「空の義あるをもっての故に、一切法は成ずることを得。若し空の義なければ一切は則ち成ぜず」（空が成り立つ人には、すべてのことが成り立つ。空が成り立たない人には、いっさいのことが成り立たない）と喝破されています。空が無我であれば、すべてのことはおのずと調ってくるのです。

ブダガヤの大塔◉出家したお釈迦様は何年も苦行しましたが、それもむなしいということで、この大塔のそばにある菩提樹の下で悟りを開かれました。

vedanā-saṃjñā-saṃskāra-vijñānāni

受想行識《じゅそうぎょうしき》

受想行識の四つは、外的な世界との関わりにおいて生じる心のはたらきを列挙したもので、あらゆる心作用はこの四つに分類されます。

受は、外界と接した時に最初にもたらされる感受作用。想は、感受された内容をもとに心に描かれる像で、いわゆる表象《ひょうしょう》作用のこと。行の原語saṃskāra《サンスカーラ》の内容は多岐にわたり、受・想・識以外の心作用をさします。最後の識は、原語であるvijñāna《ヴィッギャーナ》が「了別」とも漢訳されるように、明らかに区別して認識することです。

evam eva.

亦《やく》復《ぶ》如《によ》是《ぜ》

亦《ま》た復《ま》た是《か》くの如《ごと》し。

疑うことのできない確固たる基礎を得ようとして、あらゆることを徹底的に疑うという手だてを駆使して、結局、「考えるというはたらきをなす精神という実体は疑いなくある」と哲学者デカルトが断言したほどに、心に関しても、誤れる思いが抜きがたく凡夫に染みついています。

しかし、般若の智慧によって見られた実相は、物だけでなく心（受・想・行・識）に関しても全く同じで、「受想行識は空に異ならず、空は受想行識に異ならず、受想行識は即ち是れ空、空は即ち是れ受想行識」なのです。

Śāriputra

舎利子《しゃりし》

舎利子《しゃりし》よ、

玄奘三蔵が五年間にわたり仏教を学んだナーランダー近くの村に、バラモンの子として生をうけた舎利子は、初め、いかなる知識も信ぜず、断定的な判断を差し控える懐疑論者に師事していました。ところが、托鉢《たくはつ》のため王舎城に入ってきた僧侶アッサジの姿に打たれ、「師は誰か」と問うと、アッサジは、静かに「ブッダの弟子である」と答え、「もろもろの事がらは因縁より生ず。真実の体現者はその因縁を説き給う云々」と唱えました。

以後、舎利子は釈尊に帰依《きえ》し、偉大なる仏弟子となったのです。

鹿野苑の釈迦●お釈迦様が初めて説法したと言われるサールナートの大変すぐれた仏像をモデルに描きました。

sarva-dharmāḥ śūnyatā-lakṣaṇā

是《こ》の諸《もろもろ》の法《ほう》は空相《くうそう》にして、

是諸法空相《ぜしょほうくうそう》

「法」は、原語のdharma《ダルマ》を翻訳したことばです。この仏教語は多義語で、「教法」という時には「教え」を意味し、また「真理」という意味で「理法」とも熟字されますが、「諸法」という場合の「法」は「存在」という意味になります。「空相」は少し解りにくい言葉ですが、「相」に当たる原語がlakṣaṇa《ラクシャナ》とありますので、「空という特質・特性」ぐらいの意味になります。

釈尊は、舎利子に対して「この世のありとあらゆる存在は空という特性がある」と、改めて宣言されたのです。

生《しょう》ぜず滅《めっ》せず、

anutpannā aniruddhā

不《ふ》生《しょう》不《ふ》滅《めつ》

生滅は文字どおり、何ものかが生じ、生じたものが滅することです。仏道者が著した古い注釈には、簡にして要を得た説明が多く見受けられますが、そのひとつに「生滅は有為《うい》法の通相《つうそう》（共通した特質）」とあります。諸の現象が「有為法」、つまり「因（直接的原因）と縁（間接的助縁）との和合によって作り出された存在」であると認められている限りは、そこに必ず、生じては滅するという思いを伴っています。しかし「空」であるすべての存在は、経験的に感覚される生とか滅を離れている、というのです。

祇園精舎◉この地を訪れると、本当にここはお釈迦様が二四〇〇年前におられた聖地だな、ということを肌で感じるような霊気があります。チベットの仏教のお寺を訪れた時に、インド風の袈裟をかけた姿のお坊さんを見て、モデルになってもらったことが思い出されます。

不《ふ》垢《く》不《ふ》浄《じょう》

amalā-avimalā

垢《あか》つかず浄《きよ》からず、

身の回りにある物や事に対するさまざまな思いは、「生滅」という、存在論的なことに関わる思いばかりでなく、善いとか悪いとか、あるいは垢《きたない》とか浄《きれい》といった価値判断が含まれています。しかも、判断基準のもとには、自己愛が潜んでいます。

『観普賢《ふげん》菩薩行法経《ぎょうぼう》』には、「何ものか是れ罪、何ものか是れ福。我が心おのずから空なれば罪福主なし」。価値判断を行っている心が空じられるならば、是れは罪、是れは福といって、執着していくようなものなど何もない、と。

明けゆく長安大雁塔　中国◉玄奘三蔵が出発した長安（現　西安）の大慈恩寺の大雁塔を象徴的に描きました。現在の大雁塔は唐の時代に建てられたものを明の時代に修復した甎塔で、レンガを積み重ねた塔です。玄奘三蔵が国禁を犯してまで出発する。そのような固い志を持って天竺に向かう象徴として夜明けを選びました。塔の周辺には数羽の鳥が舞い上がり、玄奘三蔵の偉大な業績を象徴する場面に設定しました。

na ūnā na paripūrṇāḥ.

不《ふ》増《ぞう》不《ふ》減《げん》

増《ま》さず減《へ》らず。

日常的な感覚としては、諸の存在は増えたり減ったりするのが事実です。しかし、それは増減するものが、何かしらあるものとして、個別的にとらえられている認識に伴う判断にすぎず、実体的存在性がすべて否定された空の当体そのものは、増えも減りもしないわけです。ある注釈書には、「仏道を行じて悟りを得れば、惑障《わくしょう》は尽き減り、徳は具わり増すが、空なる当体そのものは増減を離れているから不増不減というのである」とも。

以上、六つの否定（「六不《ろっぷ》」）によって、諸法の空相が説き示されました。

tasmāc (Chāriputra) śūnyatāyāṃ
是《こ》の故《ゆえ》に空《くう》の中《なか》には、

是《ぜ》故《こ》空《くう》中《ちゅう》

漢訳では「空の中には」と訳されていますが、原文には「空には」「空においては」とあり、「中」の字にはそれほど強い意味はありません。

「是の故に」と、これまで述べてきた教説を踏まえて、このあと「以無所得故」という句に至るまで、天地宇宙には固執すべき単個な存在、実体など何ひとつないことが、五蘊《ごうん》、十二処《じゅうにしょ》、十八界《じゅうはちかい》という、小乗仏教に特徴的な、およそこの世にあるすべてのものをさまざまな要素に分析した、代表的な枠組み（世界観）に即しながら、さらに徹底して説かれていきます。

渺々たる長城　終竟嘉峪関

◉これは中国の万里の長城のいちばん西の果てです。長城をめぐり楼閣がありますが、この中に数百メートルにわたり警備兵がおり、襲撃があると狼火台から延々と火をつけては中央に伝達したと言われています。北からの騎馬民族の襲撃への備えを一〇〇〇年以上にわたって持ち続けたことはたいへんなエネルギーだと思います。

無色《むしき》

人間は、物に対してあるイメージを持っています。デカルトは、実体である物体は「延長」(空間的広がり)こそが属性であると考えました。仏教では、「色」は、原語であるrūpa《ルーパ》が「形づくる」と「壊《こわ》す」という動詞から作られた名詞であるという語源解釈から、伝統的に「質礙《ぜつげ》」(二つの物が同一空間を同時に占めることがない)と「変壊《へんね》」(変化し、壊れる)という特徴があるものと説明されています。これが物に対する人間の素直な思いかもしれません。

しかし、そのような物(色)は、本当はないのである、と。

na vedanā na saṃjñā na saṃskārā na vijñānaṃ,

受想行識《じゅそうぎょうしき》も無《な》し。

無《む》受《じゅ》想《そう》行《ぎょう》識《しき》

「色」と「受想行識」の四つで五蘊《ごうん》になります。「蘊」は、「あつまり」の意で、存在を分析し同類の五つの「あつまり」に分類したものです。小乗仏教では、この五蘊の他に、より細かな分析をして整理した「十二処《しょ》」、そしてそれをさらに細分化した「十八界」という分類もなされています。それは、教えを聞く側の宗教的素質が一様ではなく、執着の度合いがちがうために異説されたわけです。

いずれも、囚われ・執着を離れさせ、仏道を我が身に実現させるための分析であることに重要な意味があります。

るために立ち寄ることを約束して西へ向かいました。帰国の途中に立ち寄ろうとしたこの高昌城は、留守の間に唐の軍隊に滅ぼされ廃墟になっていました。今も当時の栄華の跡を見せ、そして国際都市であったトルファンの面影を残しています。

トルファンの遺跡(高昌故城)

◉ここで玄奘三蔵は麹文泰《きくぶんたい》という王様と出会い、手厚く歓迎されました。王様は「ここにとどまって仏教を布教してください」と懇願しますが、玄奘三蔵はどうしても天竺に行って仏法を究め、多くの人々を救いたいと告げました。そこで王様はたくさんの金子と西域諸国の国々への紹介状と従者などを授けます。玄奘三蔵は帰りに3年間だけ仏法を広め

na cakṣuḥ-śrotra-ghrāṇa-jihvā-kāya-manāṃsi,

眼耳鼻舌身意《げんにびぜっしんい》も無《な》く、

無眼耳鼻舌身意《むげんにびぜっしんい》

「眼耳鼻舌身意」と、次の「色声香味触法」とを合わせて「十二処」と言います。五蘊の場合は、心の面を細かく分析して四つ挙げているのに対して、十二処は、精神的な面はまとめられ、物（色）の面がより細かく分析されているのが特徴です。ふつう認識（物事《ものごと》をそれと認め識る）ということを考える場合に、凡夫は、主観と客観とを前提します。つまり「眼・耳・鼻・舌・身」という五つの感覚器官に、第六感である「意《こころ》」を合わせた六つの認識主観と、その認識対象となる「色・声・香・味・触・法」という客観とを。

色《しき》声《しょう》香《こう》味《み》触《そく》法《ほう》も無《な》し。

na rūpa-śabda-gandha-rasa-spraṣṭavya-dharmāḥ,

無《む》色《しき》声《しょう》香《こう》味《み》触《そく》法《ほう》

この六つは、眼や耳など、それぞれの器官によって感受される対象を列挙したもの。眼の対象（色）・耳の対象（声）・鼻の対象（香）・舌の対象（味）・身の対象（触）・意《こころ》の対象（法）の六つで、「六境《ろっきょう》」と言います。小乗仏教では、すべての存在は六つの感覚器官と「六境」との和合によって仮に現出している（縁起的存在）にすぎず、他と無関係な個としての実体などどこにも認められないことを、十二処に分析して教えます。

しかし、大乗仏教たる般若経では、その十二処すらも、そんなものはない、と。

na cakṣur-dhātur

眼界も無く、

無眼界《むげんかい》

「眼界」から次の「意識界」までの間には、「乃至《ないし》」（中間を省略する語）の語によって十六の要素が省略されていますが、これらを「十八界」と言います。十八界は、十二処に、認識主体（六根）が認識対象（六境）を知る時に生じる認識内容（六識《ろくしき》）を加えたものです。つまり、眼識・耳識・鼻識・舌識・身識・意識です。十八界は、十二処で省略された精神的な面（認識内容）を加え、完備した認識論となっていますが、このように根・境・識の関係が詳論されたのも、自我に対する執着を除くためなのです。

バーミアンの大石仏◉この地を訪れた玄奘三蔵は『大唐西域記』に、この大仏は美しく飾られ、黄金色に輝いていたと記しています。

yāvan na mano-vijñāna-dhātuḥ.

乃《な》至《いし》無《む》意《い》識《しき》界《かい》

乃至《ないし》、意識界《いしきかい》も無《な》し。

以上、「三科《さんか》（五蘊・十二処・十八界）」という、小乗仏教の基本的教説を踏まえながら、大乗仏教たる般若経の立場から、その分析的な思考が徹底的に否定されてきました。そもそも「存在」や「認識」について、小乗においてこれほどまで分析が行われたのは、物事を正しく観察するためでした。

しかし、そこにはなお、分析された要素が何かしらあるものとして固執されてしまう不徹底さが残ります。執着すべき何ものもない、というのが、般若の智慧による徹底した「空」の教えです。

na avidyā

無《む》無《む》明《みょう》

無明《むみょう》も無《な》く、

これ以後の四句の中にある「無明」「老死」という語は、三科と同じく、小乗仏教で説かれている代表的な教説「十二因縁」に出てくる語です。苦しみは原因があるから生じ、原因が滅すれば苦もまた滅す。この因果の連鎖を十二項目にわたり説いたのが十二因縁説。老い死ぬことの苦悩と恐れ、避け難きこの事実は生まれてきたが故であり、さらにその原因は……と、次第に辿った究極の原因が「無明」(「明」の原語 vidyā《ヴィッドゥヤー》 は智慧の意。根源的無知を言う)です。

しかし、無明といってつかむべき実体はないというのです。

この地でギリシア文明と出会い、仏像を初めて生み出しました。まさにヘレニズム文化の賜物と言えるでしょう。私がガンダーラを初めて訪れたのは1968年、玄奘三蔵の求法の旅を追体験する旅の中でのことでした。東西の文化が融合して新しい文化を生み出したガンダーラへの私の想いは深いのです。

ガンダーラの遺跡
◉ガンダーラは現在のパキスタンのペシャワール地方の古い地名です。ここに描いたタフティ・バヒーの遺跡はガンダーラにおける山岳仏教寺院の代表格と言えます。まるで城砦のような寺院は1世紀から7世紀にかけて築かれたとのこと。ユネスコは1980年に世界遺産に指定しています。ガンダーラは仏像のふるさとです。インドで生まれた仏教は

na avidyā-kṣayo

亦《ま》た無明《むみょう》の尽《つ》くることも無《な》し。

亦《やく》無《む》無《む》明《みょう》尽《じん》

全知者と無知との中間的存在である人間が、「無知の自覚」をするところに哲学（愛知《ピロソピア》という営み）は始まると言われますが、「無明」は、覚者《ブッダ》が悟りを開いた上で初めて教えられた「本来の自己を知らない」という人間が抱えている根源的無知です。

そこで小乗仏教では、仏道修行によって無明を滅尽すれば覚者になれると説かれるのですが、すでに「滅すべき無明が無い」のですから、必然的に「無明が尽きる」ということもありえない道理です。

乃至《ないし》、老死《ろうし》も無《な》く、

yāvan na jarā-maraṇaṃ

乃《な》至《いし》無《む》老《ろう》死《し》

「乃至」の語は、無明から老死へと因果関係をたどる過程にある行《ぎょう》・識《しき》・名《みょう》色《しき》・六入《ろくにゅう》・触《そく》・受・愛・取《しゅ》・有《う》・生《しょう》という十項目の省略を意味しています。

無明をなくせば、それに起因する行（過去世においてなした行為）もなく、それに因《よ》る識（現在世において母体にやどる時の最初の一念）もない。したがって、それ以後の連鎖もすべてなくなり、結果として、未来世における老死の苦もなくなる。このようにして苦を滅していくのが小乗仏教の実践（滅観）です。

しかし根源の無明がすでにないのですから、老死の苦も本来ないわけです。

ナーランダの月　インド

◉仏教大学として大変栄えた場所で、玄奘三蔵はここに滞在し、当時の仏教学の真理を究めたと言われています。今もナーランダの大塔や寄進塔が残る遺跡で、画面右下の人物のシルエットは玄奘三蔵と薬師寺の故高田好胤師に見たてて描いたものです。

na jarā-maraṇa-kṣayo

亦《や》無《む》老《ろう》死《し》尽《じん》

亦《ま》た老死《ろうし》の尽《つ》くることも無《な》し。

「老い死ぬ」ことは、避けることのできない人類共通の最大の苦しみであり、その滅尽こそ至上の安楽にちがいありません。しかし、苦の滅尽は、苦を苦として実体的にとらえ、文字どおりそれをなくすことによって実現し得ることではなく、老死は幻のごとく不可得であると達観することにおいてこそ実現する。般若経典は、この事実を懇々と教えるのです。

老死が実にあり、と認められない以上、老死がなくなるということもあり得ません。

na duḥkha-samudaya-nirodha-mārgā,

無《む》苦《く》集《しゅう》滅《めつ》道《どう》

苦《く》集《しゅう》滅《めつ》道《どう》も無《な》し。

苦集滅道は、十二因縁と並び小乗仏教の代表的な実践論である「四諦《したい》」に出る語。四諦は、苦諦・集諦《じったい》・滅諦《めったい》・道諦という、四つの諦《まこと》（真実）で、迷いの世界と悟りの世界における因果関係を明らかにしたものです。迷いの世界における「苦」という結果は、「集」（迷いとそれに基づく行為）という原因によって起こり、悟りの境涯である「滅」（苦と迷いの滅）は、「道」（八つの正しい行《おこな》い）に因《よ》って実現する、これが四諦の教えるところです。

しかし般若の智慧においては、一切皆空なれば固執すべき四諦もない、と。

求法高僧東帰図◉多くの求法者がインドへ向かいました。昼間は暑くて夜はまた寒い。あるいはパミール高原のような数千メートルの山越えもあり、多くの求法僧は志半ばで倒れたことだと思います。誰というこではなく、成功してまた東に帰っていく、長安の都に帰っていく様子を象徴的に描いたものです。

na jñānaṃ na prāptiḥ.

無《む》智《ち》亦《やく》無《む》得《とく》

智《ち》も無《な》く亦《ま》た得《とく》も無《な》し。

以上、小乗仏教の根本的教説である三科と十二因縁、四諦をも否定することによって、すべては空であることが諄々《じゅんじゅん》と説かれてきました。それが般若の智慧で観た実相です。ところで、このように聞くと、何もつかむべきものなどないんだ、と、対象の側においては空を認めても、そういうことを悟った智慧はあるんだ、と、主観の側に、また何かしら「ある」ものを想定してしまいます。

しかし、悟る智慧も、また悟りによって何かしら獲得されるものも共にないのです。

tasmād aprāptitvād

得《う》る所無《ところな》きを以《も》っての故《ゆえ》に、

以《い》無《む》所《しょ》得《とく》故《こ》

この一句は、この後の句に続くことばです。漢語としての「所得」は、「獲得される対象」というほどの意味ですが、原語には「得るということがない」(aprāptitva《アプラープティットゥヴァ》)とあります。凡夫の分別知によるかぎり、物や事をかならず対象化して、それらに対して「実に在り」という思いを懐き、執着を起こすことになります。しかし、「実に在り」とつかみ執着されるようなものなど何もない。

この境涯が、ある禅者によって「尽界、一法の見るべきものなし」、また「眼にさゆる雲の端もなし」と表現されています。

bodhisattvānāṃ

菩提薩埵《ぼだいさった》

菩提薩埵《ぼだいさった》は、

菩提薩埵は、原語の bodhisattva《ボーディサットゥヴァ》の音写語で、「菩薩」は「菩提薩埵」を略したものです。「大心衆生」とも意訳されるように、菩薩は、「上求菩提《じょうぐぼだい》、下化衆生《げけしゅじょう》」（上に向かっては悟りを求め、下に向かっては生きとし生けるものすべてを教化《きょうけ》する）という大いなる志を持つ仏道者なのです。

小乗の教えにもとづく「声聞《しょうもん》」と「縁覚《えんがく》」（一一七ページ参照）は、己の修行（「自利《じり》」）に関心があるのに対して、大乗の仏道者である菩薩は、まず人を救う（「利他《りた》」）ことをこそ念願している点で、仏道を行じる志が大いに異なります。

絲綢の路
パミール高原を行く●二〇〇〇年一二月三一日、懸案だった「大唐西域壁画」を完成した私は、さらなる目標を定めるべく思索していました。本作品はそんな自分を鼓舞するために描いたものと言えます。険しい山河路を進むキャラバン。眼前にそそり立つ白い峰々は理想とする目標です。焦ることなく着実に歩を進める。当時の心境だったと思います。

prajñā-pāramitām āśritya

依《え》般《はん》若《にゃ》波《は》羅《ら》蜜《みっ》多《た》故《こ》

般《はん》若《にゃ》波《は》羅《ら》蜜《みっ》多《た》に依《よ》るが故《ゆえ》に、

この句から「究竟涅槃」に至るまで、般若波羅蜜多を実践する菩薩が、実際にその心身の上にどのような事実を具現しているかが説示されています。

宗教的な利益あるいは救済については、日常におけるさまざまな欲求の充足という次元から、欲求せずにはいられない己自身を変革し超えることをめざす次元までいろいろと語られますが、ここには心によどみがないこと、恐れがないこと、妄想を離れていること、そして涅槃を究竟すること、という、菩薩であってこそ実現し得る功徳が挙げられています。

カラコルム峠◉パキスタンの首都、イスラマバードの近くから上流をのぼっていくと、カラコルム峠があり、インダス川が谷間を流れていきます。

心に罣礙《けいげ》無《な》し。

viharaty a-citta-āvaraṇaḥ.

心《しん》無《む》罣《けい》礙《げ》

罣は「ひっかかる」、礙は「妨げる」の意。般若波羅蜜多によって菩薩が得る功徳の第一は、「心にひっかかりがない」「心の妨げとなるものがない」ということです。何かにひっかかり拘《こだわ》っては、貪《むさぼり》・瞋《いかり》・痴《ぐち》（「三毒《さんどく》」）の煩悩を起こし、やがてそれが渦を巻き起こし物事を破壊していく、これが人間の常です。ところが、心身に空を体現している菩薩は、ガンジス河の水がよどみなく滔々と流れるように、心に何ひとつこだわりがなく、ひっかかることがない、と。

これは、すばらしい境涯です。

罣礙無《けいげな》きが故《ゆえ》に、

citta-āvaraṇa-nāstitvād

無《む》罣《けい》礙《げ》故《こ》

『法華経』は、心がとどこおるために、環境に振り回されている衆生のことを、「取相《しゅそう》の凡夫」と教えています。如来は実によく見抜かれています。「相を取る」。本当は自分が拘っているように存在しはしない事柄を、実にそのようにあり、と固執し、次から次へと念を起こし、そのことにがんじがらめとなって、心がすっかり掩《おお》われてしまう（「罣礙」に対応する原語の āvaraṇa《アーヴァラナ》は「掩うこと」）。

それというのも、ありもしない物事《ものごと》に対して、「実にあり」と執着することが元です。

西域南道・米蘭遺跡◉一九八六年の秋、私は楼蘭遺跡を初めて訪れたあと、米蘭へ向かいました。この遺跡はイギリスの探検家スタインが有翼天使像を仏塔址から発見したことで有名です。シルクロードのエンゼルが舞っていた塔を本作品は描いたものです。

a-trasto

恐怖《くふ》有《あ》ること無《な》く、

無《む》有《う》恐《く》怖《ふ》

死に対する恐怖は恐れの極であり、漠たる不安は超えがたく、時として自ら命を絶つことも。これは確かに凡夫の実情です。

しかし、その恐れも結局、自我に対する執着（我執）に因《よ》るのです。だからこそ「心に罣礙がなければ恐怖はあり得なくなる」と。菩薩が実践する「六波《ろくは》羅蜜《らみつ》」のひとつに布施波羅蜜があります。具体的には、財施・法施（教法を説く）・無畏施《むいせ》という三つの布施を行うことですが、無畏、すなわち畏《おそ》れなき心を事実的に人に施せる（無畏施）のも、自心に恐れがなければこそなのです。

viparyāsa-atikrānto

一切《いっさい》の顚倒《てんどう》夢想《むそう》を遠離《おんり》して、

遠離一切顚倒夢想《おんりいっさいてんどうむそう》

viparyāsa《ヴィパリヤーサ》（顚倒、誤った考え）という一語を、玄奘三蔵は「顚倒夢想」と訳しています。「顚倒」は「さかさまなこと」、「夢想」は「とりとめもない思い」です。仏教では知的な迷いと情的な迷いとを合わせて十の根本的な煩悩を数えますが、その最初が「有我見《うがけん》」、すなわち「我あり」という誤った考えです。

本来、「無我」であるのに「有我」だと思うのは、まさに「顚倒」です。

これを初めとし「自《みずから》の見解に固執すること」など、とりとめのない考えをすべて離れている、それが菩薩です。

敦煌鳴沙◉「敦煌三危」とともに敦煌石窟の全貌を描いたものです。敦煌は、楽僔《らくそん》というお坊さんがこの地に来て、鳴沙山を見て何か光ったのを感得して、三六六年に第一窟をつくりました。敦煌には、五胡十六国、隋、唐、宋、五代、元といった各時代の王様や貴族が寄進した大小さまざまな石窟があります。東西貿易のオアシスの道、砂漠の道もすべて敦煌へ集まり、そして中原へと到ります。敦煌を制するものは、中央アジアを制すということで、軍事、政治、経済、文化の物流の一大中心地であったと言えます。その敦煌が今日も砂漠の画廊としてあるのは、我々日本人として、東洋人としての誇りでもあります。

涅槃《ねはん》を究竟《くきょう》す。

niṣṭha-nirvāṇaḥ.

究竟《くきょう》涅槃《ねはん》

「涅槃」は、「（火が）吹き消された状態」を意味するnirvāṇa《ニルヴァーナ》の音写語。仏教語としては、苦しみの源である煩悩（人の心身を煩わし悩ますもの）の炎が滅し尽くした安らかな境涯のこと。そこで「寂滅」などとも意訳され、仏教が、その他のあらゆる教えと区別される旗印（「三法印《さんぼういん》」）のなかでは「涅槃寂静」と熟字されています。

「究竟」は「完全に究めつくしおわる」ことで、悟りの智慧が完成すると同時に、一切の迷妄の闇は滅し尽くされ、涅槃という究極の安らぎが得られるのです。

三世諸仏《さんぜしょぶつ》も、

tryadhva-vyavasthitāḥ sarva-buddhāḥ

三世諸仏《さんぜしょぶつ》

「三世」は、過去世・現在世・未来世のこと。衆生を救うために、三世にわたってあらゆる所に出現する無数の仏が「三世諸仏」です。「仏」というと、今日では、亡くなった人を指したり、仏像をイメージしたりと、さまざまな転用が見られますが、本来は、buddha《ブッダ》という原語を音写した「仏陀」の省略形で、「(本当の自己に) 目覚めた人」すなわち「覚者《かくしゃ》」のことです。

ですから、神のように自分の外にあるものではなく、菩薩の修行を完成し、本当の自己に目覚めることの他に仏陀はないのです。

仏教伝来◉玄奘三蔵がインドの帰りに、体は弱っていますが、法を求めたという喜びにあふれてオアシスを行くところを描きました。オアシスには花が咲き乱れ、鳥も喜びを表し、従者は道案内をし、玄奘三蔵は白馬に乗っている。平和を祈るために描き、この作品が実質的に画家としての私のスタートになりました。

prajñā-pāramitām āśritya

依《え》般《はん》若《にゃ》波《は》羅《ら》蜜《みっ》多《た》故《こ》

般《はん》若《にゃ》波《は》羅《ら》蜜《みっ》多《た》に依《よ》るが故《ゆえ》に、

重要な般若経典のひとつである『大品般若経《だいぼんはんにゃきょう》』に「般若波羅蜜は能《よ》く諸仏を生ず」と説かれ、インドにおいてそれを詳しく注釈した龍樹菩薩《りゅうじゅぼさつ》の『大智度論《だいちどろん》』には「般若波羅蜜は是れ無上の智慧、諸仏の母にして、諸々の法宝《ほうぼう》の中において是れ第一の宝なり」と解説されています。

仏陀は、何によって仏となることを得ているのか。それは、この上ない智慧である般若によってであり、諸仏を産み出すことができる母胎（仏母《ぶつも》）である般若こそ、教えの中の最高の宝である。これが般若経典の教えるところです。

anuttarāṃ samyak-sambodhim abhisambuddhāḥ.

阿《あ》耨《のく》多《た》羅《ら》三《さん》藐《みゃく》三《さん》菩《ぼ》提《だい》を得《え》たまえり。

得《とく》阿《あ》耨《のく》多《た》羅《ら》三《さん》藐《みゃく》三《さん》菩《ぼ》提《だい》

「阿耨多羅三藐三菩提」は、アヌッタラー・サンミャック・サンボーディの音写語で、仏陀の悟りのことです。語学的には、一応anuttarā《アヌッタラー》（阿耨多羅）は「この上ない」、samyak《サンミャック》（三藐）は「正しい」、sambodhi《サンボーディ》（三菩提）は「遍《あまね》く等しく知ること」を意味しますから、「無上正等覚《むじょうしょうとうがく》」とも意訳されます。しかし、その事実内容は、凡知では測りがたく正確な翻訳が不可能なため、通常は音写語が用いられます。

悟りと同じ事実を意味する「涅槃」が、専ら音写語で表記されるのと同様です。

長安の残輝◉日本からはるばる長安にたどりついた遣唐使は百万都市の街並み、そびえ立つ楼閣や、長安城を見て、その大きさと力、高度な文化に驚嘆したことでしょう。人々の生活や学問、文化を日本に持ち帰り、日本の国造りに役立てようとしたことでしょう。そして、わずかの間に立派な奈良の文化をつくりました。

私は長安の昔を思い、西の門に太陽が沈むところを遣唐使のような気持ちで、想像して描いてみました。

tasmāj jñātavyaṃ prajñā-pāramitā

故《ゆえ》に知《し》るべし、般若波羅蜜多《はんにゃはらみった》は、

故知般若波羅蜜多《こちはんにゃはらみった》

以上のように、般若波羅蜜多には、不可思議な功徳が備わっています。「だから以下のとおり知るべきである」といって、これより「真実不虚」の句に至るまで、般若波羅蜜多それ自体が最もすぐれた「咒」であることが説かれます。

これは経典の最後に「咒文」がある般若心経だけに限られたことではなく、諸の般若経典のなかで、般若波羅蜜多自体に不可思議な功徳があるから咒であり、咒であるから不可思議な力があることが強調されています。

mahā-mantro

是《ぜ》大《だい》神《じん》呪《しゅ》

是《こ》れ大神呪《だいじんしゅ》なり。

原語のmantra《マントゥラ》を翻訳した「咒」は、「呪」と同じで、不可思議な験を持つ秘密の語。「咒」は、その用法がインドのマントゥラに類似していたため、これが翻訳語として用いられました。マントゥラは、「咒」の他に「真言」とも訳されるように、陀羅尼《だらに》(dhāraṇī《ダーラニー》)と同じく、無量の功徳を備え真実をそのまま伝えることばとして、さまざまな経典にいろいろと説かれています。

もしも真言という点から言うならば、偉大にして極めてすぐれた真言、それが般若波羅蜜多なのです。

黎明薬師寺◉朝まだき、若草山の空がしだいに茜色に染まっていく頃、大池から望んだ薬師寺の景観です。本作品は北京の日本大使館・大使公邸に納められることになったので、中国の方々もご覧になる機会が多いと思い、画面右下の落款はフルネームで「平山郁夫」としました。

是《こ》れ大明咒《だいみょうしゅ》なり。

mahā-vidyā-mantro

是大明咒《ぜだいみょうしゅ》

「大明咒」の原語は、マハー・ヴィッドゥヤー・マントゥラ。「明」に対応する原語のvidyā《ヴィッドゥヤー》は「智慧」ですから、全体では「偉大なる智慧の真言」という意味になります。龍樹菩薩の『大智度論』には、「仏教以外にもさまざまな呪術がある。しかし、それらは欲に従って意のままに呪術を使い、変幻自在の不可思議を現わしては名声を博したり、人々の帰服を受けたりするもので、迷いのなかの不可思議力に過ぎない。しかし、般若波羅蜜多は迷いを滅し仏道を究竟するから、諸咒のなかの大咒、大明咒である」と。

anuttara-mantro

是無上呪《ぜむじょうしゅ》

是《こ》れ無上呪《むじょうしゅ》なり。

原語はアヌッタラ・マントゥラ。アヌッタラは「アヌッタラー・サンミャック・サンボーディ」のアヌッタラーと同じで、「無上」「最高」の意。したがって「般若波羅蜜多、これは、この上ない最高の真言である」ということです。『小品《しょうぼん》般若経』という般若経典にも「般若波羅蜜は大明呪・無上明呪・無等等明呪である」ことが説かれていますが、それは「三世諸仏はこの明呪によるからこそ阿耨多羅三藐三菩提を得、一切の善や正法も、皆ことごとく般若波羅蜜より生じるからである」と。

是《こ》れ無《む》等《とう》等《どう》咒《しゅ》なり。

asamasama-mantraḥ,

是《ぜ》無《む》等《とう》等《どう》咒《しゅ》

原語はアサマサマ・マントゥラ。「無等等」の原語asamasama《アサマサマ》は、「等しいものがない」という意味です。「無等等」は、仏教聖典においては、絶対的な価値があるものの代え言葉として用いられている重要語です。

たとえば、中国に本格的に仏教を流伝した偉大なる翻訳家・鳩摩羅什《くまらじゅう》三蔵の弟子のうち、最もよく空を会得《えとく》した僧肇《そうじょう》によって、「仏道は超絶しており、等しいものがない。ただ仏と仏とのみが等しいことを得るから無等等というのである」という説明がなされています。

興福寺の月◉興福寺は薬師寺と並ぶ法相宗の大本山。月の光はシルクロードを行く宗祖・玄奘三蔵への思いに導いてくれるようです。

sarva-duḥkha-praśamanaḥ

能《よ》く一切《いっさい》の苦《く》を除《のぞ》き、

能除一切苦《のうじょいっさいく》

これが説かれていれば仏教である、という太鼓判が押され、それによって仏教がそれ以外のあらゆる教説から区別され得る教えの標準が「三法印《さんぽういん》」あるいは「四法印」（諸行無常、諸法無我、涅槃寂静、一切皆苦）ですが、その最後に「一切は皆な苦である」とあります。仏教は、経験的実感に根ざす我々の苦楽観を超えて、迷いに根ざしている限り、楽と感じていても所詮は苦となるという、本質的な苦を説きます。

苦を除くこと。すべてを捨て釈尊が出家されたのも、只この一事のためです。

真実《しんじつ》不《ふ》虚《こ》故《こ》

satyam amithyatvāt.

真実《しんじつ》なり。虚《こ》ならざるが故《ゆえ》に。

漢訳は、サンスクリット原文に基づき「真実なり」で区切ります。

インド最古の聖典『リグ・ヴェーダ』に「神は虚偽を憎む」と。また他のヴェーダにも「真実と虚偽とを見そなわす者こそ神である」とあるなど、インドでは「虚偽」ではない「真実(satya《サットゥヤ》)」こそが、最も価値あるものとされてきました。

呪(真言)は、「真実なる言葉」なればこそ、それ自体に不可思議な用《はたらき》が具わり、唱えれば、その内容が具現化されるものなのです。般若波羅蜜多の呪としての卓越性が述べられた後にある「真実不虚」の語に込められた意味は深長です。

浄土幻想　宇治平等院◉私は二〇〇五年に「京の都よ永遠なれ」、この思いで「平成洛中洛外図」を発表しました。四曲一双の主作品を中心に置く、三尊像形式の構想の中で本作品は、「浄土幻想　日野法界寺」とともに、脇侍に見立てて主作品の両側に飾り、鑑賞していただきました。

prajñā-pāramitāyām ukto mantraḥ,

般若波羅蜜多《はんにゃはらみった》の咒《しゅ》を説《と》く。

説般若波羅蜜多咒《せつはんにゃはらみったしゅ》

マントゥラやダーラニーは、単に病や罪を除くばかりでなく、仏道を成就させる「諸仏の秘語」であるため、あえて翻訳されず、音写されるのみです。五日に一巻のペースで一三四七巻もの翻訳をなしとげた玄奘三蔵は、原語をあえて中国語に翻訳しない場合を五つ掲げていますが、その最初に次のようにあります。「陀羅尼《だらに》は秘密の語の故に翻訳し得ず」。

また華厳教学を大成した法蔵《ほうぞう》は、「諸仏の秘語は、悟りを得ない者の理解を超えており、ただそのまま受持すべきものである」とも述べています。

浄土幻想　日野法界寺◉貴族支配の世から武家の時代へ。御本尊阿弥陀如来坐像はそんな時代の転換期にあたる藤原時代後期の作です。私は御本尊と対座させていただき、今をいかに生きるべきか、と問いかけながらその御姿を描かせていただきました。

tad yathā:

即ち《すなわ》呪《しゅ》を説《と》いて曰《い》わく、

即説呪曰《そくせつしゅわつ》

これから始まる「揭帝」以下の咒は諸仏の秘語であるうえ、語学的にみても正規なサンスクリット語ではないため、各宗の祖師によって古来著されてきた注釈書も、逐語的な説明を避け、それぞれの学派や宗派の深い教理を踏まえて、この真言の意趣を解き明かしています。

中村元先生は、「俗語的な用法であって種々に訳しうるが、決定的な訳出は困難である」ことを前提に、「往ける者よ、往ける者よ、彼岸に往ける者よ、彼岸に全く往ける者よ、さとりよ、幸あれ」と訳されています。

掲帝《ぎゃてい》 掲帝《ぎゃてい》

ガテー　ガテー

「掲帝」は、ガテー（gate）を音写した語。ガテーは、「往った者」あるいは「到達した者」という意味を持つ「ガター」という名詞の呼格《こかく》（呼びかけの形）と考えれば、「往った者よ」「到達した者よ」という意となり、「悟りを成就された者よ」という呼びかけになります。

もしも、「ガテー」を処格《しょかく》（場所や時を示す形）に解すると、「往ける時に」となり、あえて翻訳すれば「往ける時に、往ける時に、彼岸に往ける時に、彼岸に全く往ける時に、悟りあり、幸あれ」ほどの意味になるでしょう。

阿育王石柱●仏教を興隆させた「中興の祖」アショーカ王の偉業を伝えるサールナートにある石柱です。二千数百年を経ながら、スクッと立っているさまは、インドがまさに悠久であることを象徴しています。

パーラガテー

般《は》羅《ら》掲《ぎゃて》帝《い》

パーラガテー（pāragate）の音写語。「パーラ」（般羅）は「彼岸《ひがん》」と意訳され、「ガテー」（掲帝）とともに「彼岸に往ける者よ」、または「彼岸に往ける時に」という意味になります。「彼岸」は、文字どおり「彼《か》の岸」のこと。迷い苦しんでいるこの世界、すなわち「此岸《しがん》」に対することばで、心と身に本当の安らぎを得た悟りの世界のことです。

そこで此岸から彼岸に渡ることを「到彼岸」と言い、「お彼岸（会《え》）」という仏事は、それを我が身の上に実現する機縁とすることに、その本来の意味があります。お墓参りをすることだけを言うのではありません。

pārasaṃgate

般羅僧掲帝《はらそうぎゃてい》

パーラサンガテー

パーラサンガテー（pārasaṃgate）の音写語。「サンガテー」（僧掲帝）の「サン」は、「完全に」という意味を表す接頭語ですから、「彼岸に全く往ける者よ」、または「彼岸に全く往ける時に」となります。

一見、「ガテー」から「パーラサンガテー」までは似たような表現の繰り返しにみえますが、先徳の解釈には、「自行《じぎょう》（自らの悟りの成就）・覚他《かくた》（他の一切衆生の悟りの成就）・覚行窮満《かくぎょうぐうまん》（自ら悟りまた他をも悟らしめる菩薩行の完成）である」など、その深い味わいが示されています。

菩《ぼ》提《じ》 僧《そ》莎《わ》訶《か》

bodhi svāhā

ボーディ スヴァーハー

「菩提」は bodhi《ボーディ》 の音写語で「さとり」のこと。「智」「覚」「得道《とくどう》（仏道を会得すること）」などとも意訳されます。ところでこの原語の語形を「呼格」と考えるならば「さとりよ」という、呼びかけのことばとなり、「主格」にとれば「さとりあり」という意味になります。

一方の「僧莎訶」は、もとはヴェーダの祭祀で神々に供物を捧げる時に唱えた svāhā《スヴァーハー》 という語の音写語で、呪の最後につけ、願いの成就を祈って「幸あれ」「祝福あれ」ほどの意味で唱えられることばです。古くは「弥栄《いやさか》」とも。

入涅槃幻想◉涅槃──お釈迦様の亡くなった様子です。静かに平安を祈る人々を周辺に描き、お釈迦様を真ん中に輝く金色で描きました。また、飛びかっている鳥は悲しみ、あるいは心の動きを表現しています。自分なりの文学的解釈やキリスト教的な解釈を少し入れ、造形的に自由な気持ちで描いたものです。

般若波羅蜜多心経《はんにゃはらみったしんぎょう》

Prajñāpāramitā-hṛdaya-sūtram

般若波羅蜜多心経《はんにゃはらみったしんぎょう》

『般若心経』は、諸仏を出生する般若波羅蜜多の絶大なる功徳を説いた後に、智慧の成就を願って唱えられた咒をもって終わっています。

秘語である咒はもとより、『心経』の一々の経句は、到底、凡智によって測り尽くせるものではありません。

先に引用した法蔵《ほうぞう》は、「深淵にして幽邃《ゆうすい》なる般若は、それに逢い奉ることは甚だ難《かた》い。今ここに分に従い、いささか讃釈してみたが、冀《こいねが》わくはこれが宗趣の真実義にかなわんことを」という詩をもって注釈を結ばれています。

般若心経という旅

一、『般若心経』の旅

インドから中国へ

　インドは仏教の故郷です。しかし、仏教の拠点であったヴィクラマシーラ寺院がイスラーム軍によって破壊されると、一三世紀初頭、一六〇〇有余年つづいた仏教の歴史も幕を閉じます。幸いサンスクリット語などの原語で書かれた仏典は、アジアの諸国語に翻訳され護持されることになります。

　中でも漢字を用いた、一大翻訳活動によって、仏教は漢字文化圏に広く伝播されました。中国では、大事な経典は何度も翻訳されますが、『般若心経』の場合、唐の玄宗皇帝の時代に、実に一一種の翻訳があったと言われます。しかし、現存するものは、七種類だけです。その最も古い翻訳は、流麗な翻訳で有名なクマーラジーヴァ訳『摩訶般若波羅蜜大明呪経』で、これに次ぐのが、本書で用いた玄奘三蔵訳『般若波羅蜜多心経』です。

玄奘三蔵と平山郁夫画伯

　玄奘三蔵は、多くの師匠について仏教を学びますが、学派や聖典によって解釈が異なり、いったいどれが正しい説なのか判らなくなってしまいます。そこでインドに留学し、『十七地論（瑜伽師地論《ゆがしじろん》）』を入手することによって問題を解決しようと、六二九年八月、長安を後にしたのです。時に二八歳。

　ところが、西域の旅には、砂漠と高山と氷雪の筆舌に尽くせぬ辛苦が待ち受けていました。『慈恩伝』は、次のように伝えています。「上に飛鳥なく、下に走獣なし。また水草もなし。この時、影を顧みるにただ一つのみ。ただ観音菩薩、般若心経を念ず。」「夜は則ち妖魑《ようち》、火を挙げて爛《らん》として繁星のごとく、昼は則ち驚風、沙をして散ずること時雨のごとし。」このような艱難《かんなん》にもめげずインドへと足を運ばせた原動力は、「貧道（謙遜の自称）は大法を求めんが為に西方に発趣《ほっしゅ》す。もし婆《ば》羅門《らもん》国に至らずんば終に東帰《とうき》せざらん。たとえ中途に死すとも悔ゆる所にあらざるなり」という大いなる志でした。

『開元録』によれば、中国に仏教が伝えられてから開元年間（七一三〜四一）にいたる間に、一八五人の翻訳者によって五〇四八巻の翻訳が成し遂げられますが、玄奘三蔵一人で実にその四分の一を訳出したことになります。これほどの翻訳を成し遂げられたのも、求道心のなせる所です。

　玄奘三蔵の生涯をご自身の生涯に引き当て、「絵道」を通して玄奘三蔵の求道を味わったのが平山郁夫画伯であることを知った時、本書に入るべき絵とオーダーは自ずと決まりました。釈尊の生涯の主な事跡（誕生、出家、成道《じょうどう》、説法、涅槃）を描いた絵を中心に、説法の場面で玄奘三蔵が展開した大旅行にまつわる一連の作品を入れ込もう、と。

　玄奘三蔵への思慕の念から画伯は、その苦難にみちた旅を自ら追体験するためにシルクロードへと旅立ちました。薬師寺の「大唐西域壁画殿」に献納された壁画は、そうした画伯の心が描かれたものなのです。

玄奘三蔵像(重文、東京国立博物館所蔵)
Image:TNM Image Archives Source: http://TnmArchives.jp/

中国から日本へ

日本へは、七訳のうち五訳が伝えられ、優れた仏道者によって注目されたという事情は他国と同様です。日本仏教の基礎が据えられた平安時代には伝教大師最澄と弘法大師空海による注釈がありますし、禅宗にあっても、江戸時代に、白隠禅師によって『毒語心経』が著されています。また文字が読めない人や子供たちのために、読み方を絵で描いた「絵心経」というものまで作られました。

インドのアショーカ王の時代から唱えられてきた『般若心経』は、日本でも各宗において読誦されているものの代表です。他の経典が数巻から数十巻、なかには『大般若経』のように六〇〇巻にもおよぶ大部なものであるのに対して、三〇〇文字足らずのわずかな経文のなかに仏教の根本教理が説かれていることが、その大きな理由の一つです。

二、『般若心経』のこころ

諸経典の中で『般若心経』が持つ役割

仏典には、釈尊の涅槃後すでに二三〇〇有余年の歳月が流れた現在は、人間自体の汚れや思想の汚れをはじめとする五つの濁れに満ちた「末法《まっぽう》五濁《ごじょく》悪世《あくせ》」と説かれています。この予言に違わず、今日、心の病みはその度を増し、さまざまな現証となって、身の上に、また世相となって表れています。この時代にあって、最初から完全である神としてではなく、人間としてこの世に生を受け、万人が抱えている問題に悩み抜き、しかも、真の自己に目覚めることによって根元的な心の病を治癒・克服した覚者《ブッダ》によって説かれた仏教に、生きる道を求めようとする人は多いに違いありません。

しかし、仏教の経典は膨大です。異訳による重複があるにしても、諸経典を集成した『大正新脩大蔵経』（全一〇〇巻）というシリーズに収載されているものだけでも、一四二〇部を数えます。このように膨大な仏教経典の中で、『般若心経』はどのような位置を占めている経典なのでしょうか。

一つの経典、あるいはその一部だけを読むというのであれば事はまだ簡単ですが、厖大な経典全体の相互関係を踏まえ、その中に占める位置を明らかにして、その経典が持っている本当の意味を理解することは至難の業です。そこで古来、そのための努力が「教相判《きょうそうはん》釈《じゃく》」（比較宗教学的に諸経典の教えを比較整理して各経典の持つ意味を明らかにすること）という形でなされてきました。詳細はおくとして、『般若心経』をこの点から読む場合、伝統的教理学の「小乗仏教」と「大乗仏教」という基本的分類が重要になります。

小乗、大乗の「乗」は、文字通り乗り物。迷いの世界から、悟りの世界へと我々を運んでくれる乗り物で、教えのことを指します。教えの内容を比較し、より入門的（とは言っても、世法に比べ非常に深い教えなのですが）な教えと、より優れた教えとに分類したのが、小乗仏教と大乗仏教という分類です。

ところで、教えは、むやみやたらに説かれるものではなく、「対機説法」の言葉の通り相手が予想されています。覚者ともなれば、説く相手の宗教的素質（これを「機《き》」または「機根《きこん》」と言います）を見抜いた臨機応変の説法が可能となるわけです。

実際に経典を読みますと、説法の場で教えを聞く機根は実にさまざまですが、小乗仏教と大乗仏教とに大きく分類した時、それぞれの教えを聞く機根にどのような違いがあるかといえば、小乗の場合は、声聞《しょうもん》（śrāvaka）と縁覚《えんがく》（pratyeka-buddha）と呼ばれる弟子がその対象です。「二乗《にじょう》」と総称されるこれらの弟子は、自分自身が仏道を完成し救われることを第一義として仏道を歩む弟子です。

これに対して大乗を実践する弟子が菩薩（bodhisattva）です。自らの修行の完成ばかりでなく、一切の衆生を救済しようという大いなる本願をもって仏道を歩む衆生です。いささかでも経験をしてみるならば、観自在菩薩のように、自在に人を救うことが叶わないこと、仏道的に言えば、自在なはたらきを妨げる己の煩悩が、切実な問題となって問われてきます。これは小乗の仏道者にはあり得ない悩みです。ですから弟子を教え導く教えに必然的に内容の違いが生じてくるわけです。

そこでこの観点から『般若心経』を見てみますと、『般若心経』には観自在菩薩と舎利子とが登場します。観自在菩薩は言うまでもなく「菩薩」です。舎利子は、経文には明記はされていませんが、実は「声聞」なのです。

この了解があれば、なぜ『般若心経』が、舎利子を対告衆《たいごうしゅう》にしているかがわかります。それは、あえて小乗の教えに熟達した舎利子を対告衆にすることによって、菩薩の見た、より徹底した実相を教え、仏道を徹底させようとする釈尊の慈悲に他なりません。

「空」――仏教の根本基調

登場人物については一応の理解が得られたと思いますが、では、「……は空なり」「……は無し」と、盛んに否定を重ねる『般若心経』は何を言わんとしているのでしょう。

平家物語の「祇園精舎の鐘の声、諸行無常の響あり」でよく知られた「諸行無常」の句は、仏教の特徴をよく示している三法印《さんぼういん》のなかの第二句で、第一句は「諸法無我《しょほうむが》」です。

この一事でも解る通り、「無我」、言いかえれば「空」が仏教という教えの基調なのです。したがって、たとえ文字として明確に「空」ということが説かれていなくても、空を基調としない経典などありません。具体的な一例として、愛ということをめぐる中村元先生の説明（『広説佛教語大辞典』の当該項目参照）を紹介することにしましょう。

「仏教一般では慈悲が中心であって、愛についてはあまり多くを説かない。仏教者にとって愛は憎しみと背中合わせであり、いかなる愛もその中に憎しみを可能性として蔵していると考えられていた。愛が深ければ深いほど憎しみの可能性も大きくなる。それは、愛が本質的に自己を愛することを中心としているからである。」

比較思想の開拓者でもある中村先生は、このように愛と慈悲との違いを説明されています。突き詰めたところ、自己愛、自我がもとになっている愛に対して、無我の愛である慈悲を説くのが仏教です。ある方から書を所望された先生が、「私は字がへたですから」と細い眼をなお細めお笑いになられながら、デーヴァナーガリー文字で「慈悲心」と書かれたことが思い出されます。

小乗に属す経典『法句経《ほっくきょう》』に、「愛(piya)より愁いは生じ、愛より怖れは生ず。愛を超えし人には愁いはなし。かくていずこにか怖れあらん」と説かれている通り、小乗でも深く人間の抱える自我性を見て取り、そこから解脱させるために、空を説いているのです。

ところで、この自己愛から解放させるため、愛着する自我というものは本当はないことを教えようと、小乗では「五蘊仮和合《ごうんけわごう》」という説きぶりで無我を教えます。『般若心経』にたびたび登場する五蘊です。ちょうど、ひとつのまとまりと考えている家屋も、梁や柱、あるいは壁などさまざまな要素の集合体であるように、何かしらの実体を認めている「私」という存在も、実は五蘊という要素が仮に集まって存在しているに過ぎず、本来は空である、と説くのです。このような説きぶりが「人無我法有《にんむがほうう》」と定義されています。つまり「人」の無我は説くが、それを構成している五蘊という「法」はその存在が認められている、有我《うが》だと。

これに対して大乗仏教は、法という存在にまつわる執着をも除くために、「人法二空《にんぼうにくう》」

である、と法の有我をも否定するのです。

これでお解りだと思いますが、『般若心経』で繰り返し説かれている「……は空なり」「……は無し」という場合の「……」は、いずれも小乗仏教において説かれている「法」に他なりません。法をも否定することによって徹底した空を説き、菩薩道を歩ませようとするのが『般若心経』なのです。このような『般若心経』全体の基本的構成を踏まえず、一部分だけを理解したのでは、『心経』が言おうとする教えが十分に伝わってきません。

誤れる「空」の否定――現実世界への徹入

西欧に仏教が伝えられた時、浅い意味での「空」に基づき、「空」が無に近い意味合いで理解され、仏教が現実逃避の厭世主義であるかのごとき誤解がなされたことがあります。

ある面では当然かもしれません。大乗と小乗とでは空の説かれ方が違いますから、修行のあり方や、修行によって到達する境涯も異なってきます。そして小乗では、最終的には煩悩の結果として現存している肉体（身）も、修行によって得た智慧（心）も、すべて滅し尽くす（灰身滅智《けしんめっち》）ところに、阿羅漢果《あらかんか》という、修行の完成した姿を見ますから。

しかし、『般若心経』で説く空は、滅無に帰するような空ではありません。「色即是空、空即是色」は、差別現象（「色」）を分析、消滅して虚無に至るような空の否定であり、より徹底した空の説示です。「空」は、「あるもの」や「あること」の単純否定としての「無」ではありません。もしも「あるもの」の単純否定が「空」ならば、「即是」というわけにはいきません。ところが、「色即是空」なのです。言い換えれば、実体的にとらえられている「色」を徹底的に否定することによって、いわば弁証法的に、固定的、実体的に誤ってとらえられていた差別現象が生き生きと蘇ってくる、より徹底した空の説示なのです。まさに「空即是色」です。

したがって虚無主義を唱え、現実世界が提示する、耐えがたいまでに矛盾、混乱した世界を逃避し、人里離れたところにひきこもる厭世主義に陥ることではありません。妄認された現実感を超克した立場から、現実生活へ徹入し、すべてを生かしていくことなのです。

真言——唱えれば救われるという慈悲

ただ、空の内容を手に取るように了解することは困難です。分別知により妄想されている我の否定が空であって、それは「有」とか「無」とかの立場を離れ「円融一元」の世界に立って初めて「ウン」とうなずける事実なのですから。『般若心経』冒頭の「観自在菩薩が修行した時に照見し得た」のことばの通り、空は、究極的には悟りにおいて初めて完全にその真相が知られ得る性質のものです。

この点で、なぜ最後が真言で終わっているかも頷けます。それは、「空」それ自体を悟ることなどできない者に用意された、これまた慈悲なのでしょう。ただ唱えるだけで功徳がある真言が説かれているということは。

（堀内 伸二）

玄奘三蔵に捧ぐ

平山郁夫

一九四五年八月六日。広島の上空で炸裂《さくれつ》した閃光《せんこう》は、私の人生を大きく変えた。九死に一生を得たものの、私は身も心も大変な衝撃を受けた。私は旧制中学校の三年生、十五歳だった。このことが十四年後、私の運命を決定づける一つの要因になろうとは、神ならぬ身では知る由《よし》もなかった。

すでにいろいろな場で書き綴ってきたことだが、私が画家として本格的なスタートをきることができたのは、中国の唐代の高僧・玄奘三蔵の求法《ぐほう》の旅を描いた「仏教伝来」からである。一九五九年のことで、私は二十九歳だった。

その頃の私は広島での被爆の後遺症や、実家の経済事情の悪化に加え、自分自身、画家として歩むべき道を見失っているような状態で、すべてに自信喪失といった有様だった。

そんな時に出会ったのが、玄奘三蔵であった。私は玄奘三蔵を描くことによって、自分の進むべき道を見出した、と言ってよい。

玄奘三蔵という人物を調べれば調べるほど、彼の人生が自分とオーバーラップしてくるのであった。

玄奘三蔵の生まれた時代は、中国史では隋から唐へと変わる混乱期であった。多感な少年期に仏門に入った玄奘三蔵は、乱れた世を救うにはどうしたらよいか、と悩んだにちがいない。また、そのために学んでいる仏の道にも納得のいかない点がある。それが何なのか、知ることはできないものか……。

悩みに悩んだあげく、玄奘三蔵は仏教の真理を求め、成立まもない唐帝国の国禁を犯してまでも、インドへ求法の旅に出る。それは六二九年（貞観《じょうがん》三年）のことだったと伝えられる。

私の少年期から青年期にかけては、日中戦争から太平洋戦争へと戦火が拡大していく時だった。その行き着く先は、敗戦という未曾有《みぞう》の国難だった。その結果、すべての価値観が再構成されることになった。しかし、旧来の価値観が大きく変わっても、私の平和への思いは変わらなかった。

広島の劫火《ごうか》の中で、多くの友人、知人を失った私は、平和の世をつくることこそ、自分に課せられた使命であると思うようになった。

西の方、インドをめざした玄奘三蔵が、目的を達するまでは決して故国にあたる東の方へは帰らぬと決意し、「不東《ふとう》」の精神のもと、旅立って行ったのは、二十九歳前後と考えられている。前述の如く、私が「仏教伝来」を描いたのは二十九歳の時だった。

十七年に及んだインドでの修行を終え、帰国した玄奘三蔵は、『大般若経《だいはんにゃきょう》』をはじめとする多くの経典の中国語訳の仕事に没頭する。その歳月は実に二十年に及んだ。

私が、このたび、[※1]薬師寺玄奘三蔵院に献納した壁画の制作に要した歳月も二十年である。

「仏教伝来」をきっかけに、私の玄奘三蔵の旅の追体験が始まった。その旅はシルクロードの旅でもあった。しかし、絹という繊維のもつ優雅さにくらべると、現実の「絹の道」は厳しい。

広大なタクラマカン砂漠は、昼は熱砂が舞い、夜は極寒の世界へと変わる。

天山山脈越えは、希薄な空気と氷河に悩まされる。その苦しさたるや、玄奘三蔵の昔も今も変わらない。そんな旅人の心を癒してくれるのは、オアシスの緑であり、水辺に咲く一輪の花だった。

私のシルクロードの旅は、いつしか百三十回を超えた。そして、この地をテーマにした多くの作品を残すことができた。シルクロードを歩くたびに、私の想いは玄奘三蔵へと馳《は》せる。私はいつか必ず、画業を通して玄奘三蔵の恩にお報いしたいと思った。

私は今、多くの日本人は自分たちの進むべき道を見失っているように思える。こうした時、私たちの先祖はどうしていたか。私自身もう一度歴史をひもとき、学びなおしてみようと思う。青年僧玄奘が、大いなる目的に向かってひとり歩み続けた勇気と努力を学びたいと思う。

※1　薬師寺玄奘三蔵院「大唐西域壁画」は、平山郁夫の画業の集大成として、二〇〇〇年十二月三一日に献納された。

◇本稿は、『平山郁夫　薬師寺玄奘三蔵院大壁画』（講談社刊）より内容を再構成しました。

渺々たる長城 終竟嘉峪関
明けゆく長安大雁塔 中国
長安の残輝
敦煌鳴沙
中華人民共和国
長安
ナーランダの月 インド
建立金剛心図
ブダガヤの大塔
玄奘三蔵紀行略図
(平山郁夫収録作品の関連図)
往路
復路

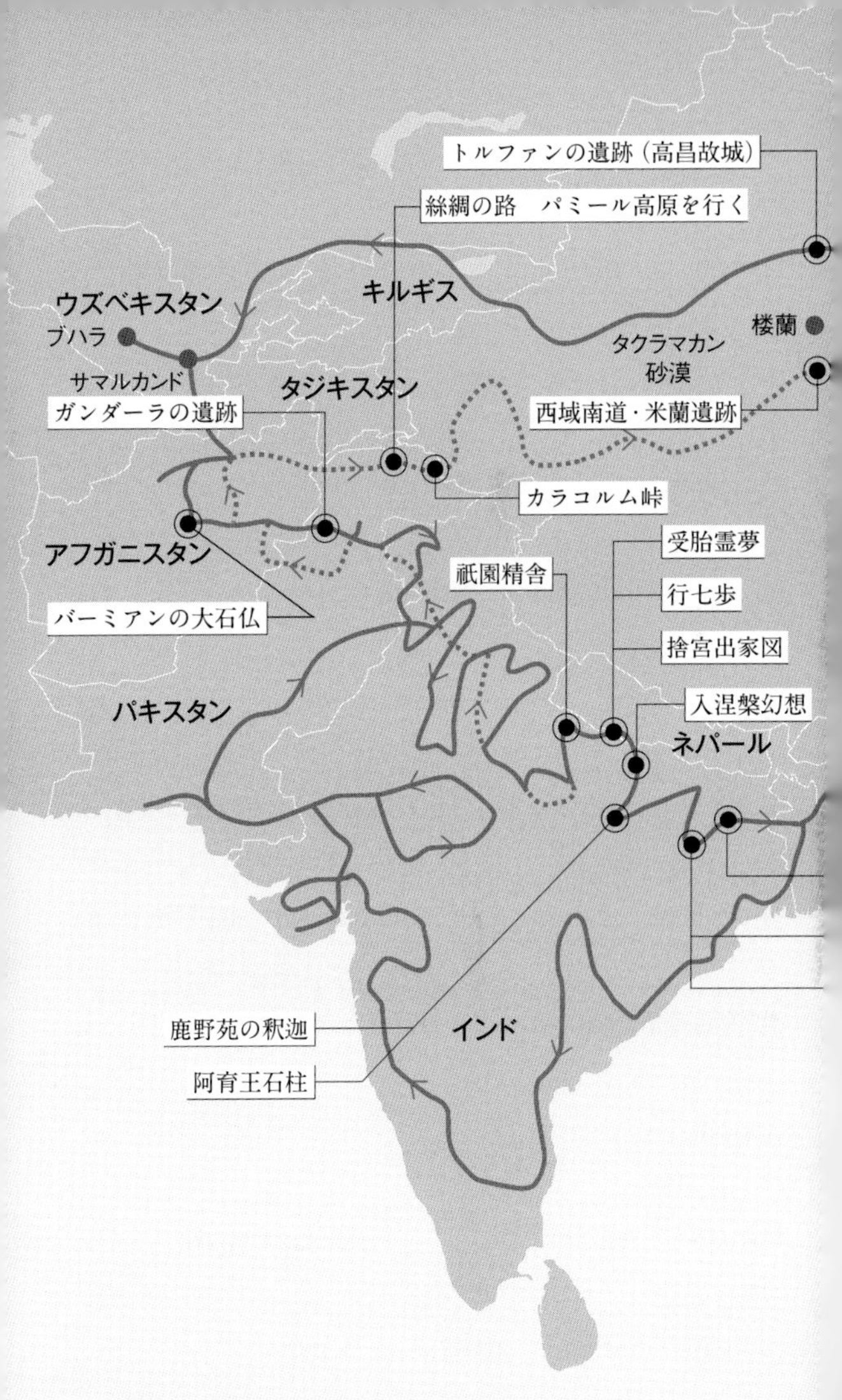
トルファンの遺跡（高昌故城）
絲綢の路　パミール高原を行く
ウズベキスタン
キルギス
ブハラ
楼蘭
タクラマカン
砂漠
サマルカンド
タジキスタン
ガンダーラの遺跡
西域南道・米蘭遺跡
カラコルム峠
アフガニスタン
受胎霊夢
祇園精舎
行七歩
バーミアンの大石仏
捨宮出家図
パキスタン
入涅槃幻想
ネパール
インド
鹿野苑の釈迦
阿育王石柱

aniruddhā《アニルッダー》 amalāvimalā《アマラーヴィマラー》 nonā《ノーナー》 na《ナ》 paripūrṇāḥ《パリプールナーハ》.

tasmāc《タスマーチュ》 chāriputra《チャーリプットゥラ》 śunyatāyāṃ《シューンニャターヤーム》 na《ナ》 rūpaṃ《ルーパム》

na《ナ》 vedanā《ヴェーダナー》 na《ナ》 saṃjñā《サンギャー》 na《ナ》 saṃskārā《サンスカーラー》 na《ナ》

vijñānaṃ《ヴィッギャーナム》, na《ナ》 cakṣuḥ-śrotra-ghrāṇa-jihvā-kāya-manāṃsi《チャクシュフ・シュロートゥラ・グフラーナ・ジフヴァー・カーヤ・マナーンシ》,

na《ナ》 rūpa-śabda-gandha-rasa-spraṣṭavya-dharmāḥ《ルーパ・シャブダ・ガンダ・ラサ・スプラシュタヴィヤ・ダルマーハ》, na《ナ》

cakṣur-dhātur《チャクシュル・ダートゥル》 yāvan《ヤーヴァン》 na《ナ》 mano-vijñāna-dhātuḥ《マノー・ヴィッギャーナ・ダートゥフ》. na《ナ》

vidyā《ヴィッドゥヤー》 nāvidyā《ナーヴィッドゥヤー》 na《ナ》 vidyā-kṣayo《ヴィッドゥヤー・クシャヨー》 nāvidyā-kṣayo《ナーヴィッドゥヤー・クシャヨー》

yāvan《ヤーヴァン》 na《ナ》 jarā-maraṇaṃ《ジャラー・マラナム》 na《ナ》 jarā-maraṇa-kṣayo《ジャラー・マラナ・クシャヨー》 na《ナ》

duḥkha-samudaya-nirodha-mārgā《ドゥッカ・サムダヤ・ニローダ・マールガー》, na《ナ》 jñānaṃ《ギャーナム》 na《ナ》

prāptiḥ《プラープティヒ》.

tasmād《タスマードゥ》 aprāptitvād《アプラープティットゥヴァードゥ》 bodhisattvānāṃ《ボーディサットゥヴァーナーム》

prajñāpāramitām《プラッギャーパーラミターム》 āśritya《アーシュリットゥヤ》 viharaty《ヴィハラティ》

サンスクリット語 般若心経

namas《ナマス》 sarvajñāya《サルヴァッギャーヤ》

āryāvalokiteśvaro《アーリヤーヴァローキテーシュヴァロー》 bodhisattvo《ボーディサットゥヴォー》 gaṃbhīrāyāṃ《ガンビーラーヤーム》

prajñāpāramitāyāṃ《プラッギャーパーラミターヤーム》 caryāṃ《チャリヤーム》 caramāṇo《チャラマーノー》 vyavalokayati《ヴィヤヴァローカヤティ》

sma《スマ》 : pañca《パンチャ》 skandhās,《スカンダース》 tāṃś《ターンシュ》 ca《チャ》 svabhāva-śūnyān《スヴァバーヴァ・シューンニャーン》

paśyati《パシュヤティ》 sma.《スマ》

iha《イハ》 śāriputra《シャーリプットゥラ》 rūpaṃ《ルーパム》 śūnyatā,《シューンニャター》 śūnyataiva《シューンニャタイヴァ》

rūpam.《ルーパム》 rūpān《ルーパーン》 na《ナ》 pṛthak《プリツァック》 śūnyatā,《シューンニャター》 śūnyatāyā《シューンニャターヤー》

na《ナ》 pṛthag《プリツァッグ》 rūpam.《ルーパム》 yad《ヤッドゥ》 rūpaṃ《ルーパム》 sā《サー》 śūnyatā,《シューンニャター》 yā《ヤー》

śūnyatā《シューンニャター》 tad《タッドゥ》 rūpam.《ルーパム》 evam《エーヴァム》 eva《エーヴァ》

vedanā-saṃjñā-saṃskāra-vijñānāni.《ヴェーダナー・サンギャー・サンスカーラ・ヴィッギャーナーニ》 iha《イハ》 śāriputra《シャーリプットゥラ》

sarva-dharmāḥ《サルヴァ・ダルマーハ》 śūnyatā-lakṣaṇā《シューンニャター・ラクシャナー》 anutpannā《アヌットゥパンナー》

acittāvaraṇaḥ.《アチッターヴァラナハ》 cittāvaraṇa-nāstitvād《チッターヴァラナ・ナースティットゥヴァードゥ》 atrasto《アトゥラストー》

viparyāsātikrānto《ヴィパリヤーサーティクラーントー》 niṣṭha-nirvāṇaḥ.《ニシュツァ・ニルヴァーナハ》

tryadhva-vyavasthitāḥ《トゥリャドゥフヴァ・ヴィヤヴァスツィターハ》 sarva-buddhāḥ《サルヴァ・ブッダーハ》

prajñāpāramitām《プラッギャーパーラミターム》 āśrityānuttarāṃ《アーシュリットゥヤーヌッタラーム》

samyaksambodhim《サンミャックサンボーディム》 abhisambuddhāḥ.《アビサンブッダーハ》

tasmāj《タスマージュ》 jñātavyaṃ《ギャータッヴィヤム》 prajñāpāramitā《プラッギャーパーラミター》 mahā-mantro《マハー・マントゥロー》

mahā-vidyā-mantro《マハー・ヴィッドゥヤー・マントゥロー》 ’nuttara-mantro《アヌッタラ・マントゥロー》 ’samasama-mantraḥ,《アサマサマ・マントゥラハ》

sarva-duḥkha-praśamanaḥ《サルヴァ・ドゥッカ・プラシャマナハ》 satyam《サットゥヤム》 amithyatvāt.《アミッツヤットゥヴァートゥ》

prajñāpāramitāyām《プラッギャーパーラミターヤーム》 ukto《ウクトー》 mantraḥ,《マントゥラハ》 tad《タッドゥ》 yathā:《ヤツァー》

gate《ガテー》 gate《ガテー》 pāragate《パーラガテー》 pārasaṃgate《パーラサンガテー》 bodhi《ボーディ》 svāhā.《スヴァーハー》

iti《イティ》 prajñāpāramitā-hṛdayaṃ《プラッギャーパーラミター・フリダヤム》 samāptam.《サマープタム》

◉平山郁夫掲載作品一覧

受胎霊夢 (p.20～21)

寸法：179.5×178.8 cm　制作年：昭和37(1962)年　所蔵：広島県立美術館

行七歩 (p.23)

寸法：127.0×60.5 cm　制作年：昭和37(1962)年　所蔵：平山郁夫美術館

捨宮《しゃぐう》出家図 (p.26～27)

寸法：50.0×65.0 cm　制作年：昭和45(1970)年

建立金剛心図 (p.30～31)

寸法：181.5×227.5 cm　制作年：昭和38(1963)年　所蔵：東京国立近代美術館

ブダガヤの大塔 (p.35)

寸法：91.0×66.0 cm　制作年：昭和58(1983)年

鹿野苑《ろくやおん》の釈迦 (p.39)

寸法：116.5×80.5 cm　制作年：昭和51(1976)年

祇園精舎 (p.42～44)

寸法：171.0×362.0 cm　制作年：昭和56(1981)年　所蔵：足立美術館

明けゆく長安大雁塔　中国 (p.46～47)

寸法：80.3×116.7 cm　制作年：平成19(2007)年　所蔵：佐川美術館

渺々《びょうびょう》たる長城　終竟《しゅうきょう》嘉峪関《かよくかん》 (p.50～51)

寸法：168.7×363.6 cm　制作年：昭和55(1980)年

トルファンの遺跡（高昌故城） (p.54～55)

寸法：89.4×130.3 cm　制作年：昭和54(1979)年

バーミアンの大石仏 (p.59)

寸法：91.2×60.5 cm　制作年：昭和43(1968)年　所蔵：箱根・芦ノ湖 成川美術館

ガンダーラの遺跡 (p.62～63)

寸法：89.4×130.3cm　制作年：昭和58(1983)年

ナーランダの月 インド (p.66～67)

寸法：80.3×116.7 cm　制作年：平成19(2007)年　所蔵：佐川美術館

求法高僧東帰図 (p.70～72)

寸法:181.0×366.9 cm　制作年:昭和39(1964)年　所蔵:平山郁夫美術館

絲綢《しちゅう》の路 パミール高原を行く (p.76～77)

寸法:171.2×363.6 cm　制作年:平成13(2001)年　所蔵:平山郁夫美術館

カラコルム峠 (p.79)

寸法:90.7×65.0 cm　制作年:昭和58(1983年)年　所蔵:鎌倉大谷記念美術館「大谷コレクション」

西域南道・米蘭《ミーラン》遺跡 (p.82～83)

寸法:31.0×40.0 cm　制作年:昭和61(1986)年

敦煌鳴沙 (p.86～87)

寸法:171.0×364.5 cm　制作年:昭和60(1985)年　所蔵:箱根・芦ノ湖 成川美術館

仏教伝来 (p.90～91)

寸法:169.8×211.6 cm　制作年:昭和34(1959)年　所蔵:佐久市立近代美術館

長安の残輝 (p.94～95)

寸法:171.0×363.8 cm　制作年:昭和62(1987)年　所蔵:奈良県立美術館

黎明薬師寺 (p.98～99)

寸法:120.0×240.0 cm　制作年:平成8(1996)年

興福寺の月 (p.103)

寸法:140.0×100.0 cm　制作年:昭和61(1986)年

浄土幻想　宇治平等院 (p.106～108)

寸法:112.0×162.0 cm　制作年:平成16(2004)年　所蔵:平山郁夫シルクロード美術館

浄土幻想　日野法界寺 (p.110～111)

寸法:112.0×162.0 cm　制作年:平成16(2004)年　所蔵:平山郁夫シルクロード美術館

阿育王《アショカ》石柱 (p.114)

寸法:117.0×73.0 cm　制作年:昭和51(1976)年　所蔵:山種美術館

入涅槃幻想 (p.118～119)

寸法:178.5×224.0 cm　制作年:昭和36(1961)年　所蔵:東京国立近代美術館

【編集付記】

※玄奘三蔵訳『般若心経』をよりよく理解するために、解説本文には、玄奘三蔵の漢訳に対応させる形でサンスクリット原文を掲げ、また解説中に必要最小限のサンスクリット語を引用しました。したがって、玄奘三蔵訳に対応させたサンスクリット文は、巻末に一括掲載してある原典とは少しズレがあります。たとえば、玄奘訳に対応する原文がなかったり、順番を入れかえたり、複合語を細かく切って示すなど。また解説中でサンスクリット語を示す場合は、原則、原形で示すようにしたので、文章中の変化した形とはズレがあります。

※玄奘三蔵訳の『般若心経』には「顚倒夢想」の前に「一切」の語はありませんが、日本における流布本に従って、あえて入れてあります。

※小乗という語は、大乗からみた貶称であるとの認識から今日あまり用いられませんが、仏教全体の教理学的見地からは重要な意義があるので本書ではあえて用いることにしました。

◇

※平山郁夫作品の解説は、『3Dサウンド美術館　平山郁夫が歩んだ道』(一満舎)などをもとに、内容を再構成しました。

※現代語訳般若心経(中村元)は、『現代語訳 大乗仏典1　般若経典』(小社)より引用しました。

平山郁夫（ひらやま　いくお）

日本画壇の最高峰として、仏教と東西文化の交流、シルクロードをテーマに旺盛な創作活動を展開。東京藝術大学学長のほか、財団法人日本美術院理事長、ユネスコ親善大使など、国内外での要職を歴任。1998年文化勲章受章。「文化財赤十字構想」の理念に基づき、世界の文化遺産、文化財を保存・修復する運動にも取り組む。著書、画集多数。2009年逝去。

中村 元（なかむら　はじめ）

インド哲学・仏教学の世界的権威。東京大学名誉教授。スタンフォード大学・ハーバード大学客員教授、学士院会員などを歴任するとともに、「東洋思想の研究およびその成果の普及」を目的とした財団法人東方研究会を創立。初代東方学院長。1977年文化勲章受章、1999年逝去。主な著書に『広説佛教語大辞典』（小社）など。

堀内 伸二（ほりうち　しんじ）

東京大学大学院人文科学研究科インド哲学インド文学博士課程修了。日本印度学仏教学会理事、中村元東方研究所理事等歴任、現在日印文化交流ネットワーク事務局長等。中村元博士の命により中村元著『広説佛教語大辞典』全4巻、『現代語訳大乗仏典』全7巻（小社）などの編纂を行う。著者に『白隠禅師生誕320年 白隠・禅と書画』（アサツーディ・ケイ）など。編著書『仏教の事典』（朝倉書店）は第68回毎日出版文化賞受賞。

プロデューサー　内田一弘
協力　公益財団法人平山郁夫シルクロード美術館、俵谷利幸
ブックデザイン　長谷川　理（Phontage Guild）
組版　川端俊弘（Wood House Design）
題字　倉田芳琳

般《はん》若《にゃ》心《しん》経《ぎょう》手《て》帳《ちょう》

平成22年 8月20日　第 1 刷発行
令和 6 年 2月20日　第12刷発行

画――平山郁夫《ひらやまいくお》
訳――中村 元《なかむらはじめ》
編著――堀内伸二《ほりうちしんじ》

発行者――渡辺能理夫
発行所――東京書籍株式会社
〒114-8524　東京都北区堀船2-17-1
電　話――03-5390-7531（営業）　03-5390-7515（編集）
https://www.tokyo-shoseki.co.jp
印刷・製本――図書印刷株式会社
ISBN978-4-487-80444-3 C0014 NDC180